Género Fantasía

I0794896

¿? **Pregunta esencial**

**¿Qué podemos hacer para llevarnos bien entre todos?**

# Una pluma del ave Fénix

**Patricia Ramírez Montenegro**
**ilustrado por Benjamín Briceño M.**

Capítulo 1

# Tres hermanos

Hace muchos años, en una lejana aldea china, vivían tres hermanos. Sus nombres eran Lien, Cheng y Huan. Lien, la menor, era pequeña y frágil. Su hermana Cheng era dos años mayor que ella y diez centímetros más alta. Huan era el mayor de los tres: un gigante de trece años que quería ser guerrero del ejército chino.

Los tres hermanos vivían con el abuelo Fengge, un anciano respetado en la aldea por su inteligencia y sabiduría. Fengge sabía que Huan aún era muy joven para ir al ejército. A él le faltaba mucho por aprender antes de llegar a convertirse en un gran guerrero.

La pequeña Lien pasaba las horas leyendo en la biblioteca del abuelo Fengge. También le gustaba dibujar y pintar paisajes. Huan y Cheng preferían correr por el campo, nadar en el río, subir a los árboles y hacer carreras. No entendían cómo alguien se podía divertir haciendo las cosas que Lien hacía. Por eso, siempre la molestaban y se burlaban de ella. Cheng admiraba tanto a su hermano mayor que hacía todo cuanto Huan quería. Nunca protestaba cuando este molestaba a Lien.

El abuelo Fengge los había educado como lo hace un padre. Por eso los conocía como la palma de su mano. Fengge sabía que Huan era fuerte y astuto. También sabía que Cheng era muy leal y que la pequeña Lien era frágil y tímida.

Por esta razón, el abuelo los cuidaba. También vigilaba que no se pelearan. Cada vez que tenían un conflicto, él intervenía.

**AHORA COMPRUEBA**

¿Cuáles eran las actividades favoritas de cada uno de los tres hermanos?

El abuelo Fengge ya no era joven. Creía que pronto llegaría la hora de la última despedida. Por eso, pasaba muchas horas explicándoles a sus nietos las bondades de llevarse bien. Pero ni sus consejos ni sus regaños surtían efecto.

A pesar de todos los consejos, los hermanos mayores continuaban jugándole malas pasadas a la pequeña Lien.

Un día, por ejemplo, la pequeña Lien descubrió a su muñeca favorita atada a un árbol. Huan había estado practicando con ella para mejorar su puntería. Cheng lo había ayudado a amarrarla al árbol. Cuando Lien intentó liberar a su muñeca, sus hermanos no la dejaron y acabaron tirándole un cubo de agua helada encima.

Ese día, el abuelo Fengge comprendió que Huan y Cheng jamás cambiarían a menos que recibieran una lección. Entonces el anciano consideró que era hora de tomar medidas extremas.

## Capítulo 2

# Una dura prueba

Los tres hermanos se reunieron en el salón principal de la casa por petición del abuelo. Fengge quería hablar con ellos. Cuando estuvieron reunidos, el abuelo se mantuvo en silencio por largo rato. Se sentó en el sillón más cómodo. Luego, les mostró a sus nietos unas coloridas imágenes del ave Fénix, pintadas en unos antiguos pergaminos.

Lien estaba encantada. Se fijaba atentamente en cada detalle de las ilustraciones que el abuelo les enseñaba. Huan y Cheng se aburrían. Cheng bostezaba una y otra vez. Mientras Huan pateaba los pergaminos, daba uno que otro coscorrón a su hermana menor y se distraía con cualquier cosa con una actitud insolente.

Cuando terminaron de revisar los pergaminos, el abuelo concluyó diciéndoles:

—Ahora que ya conocen al ave Fénix, pueden partir a buscarla.

Lien, Cheng y Huan no entendían por qué debían hacerlo. El abuelo se levantó de su sillón antes de explicar sus razones.

—Soy un anciano. Siento que pronto dejaré de estar con ustedes. El que consiga una pluma del ave Fénix será mi heredero.

La noticia entristeció a Lien porque le disgustaba pensar en separarse de su amado abuelo.

Huan se molestó. Pensaba que él debía ser el heredero. Era una pérdida de tiempo ponerlo a competir con sus hermanas. El guerrero Huan estaba convencido de que derrotaría a sus hermanas.

Por su parte, Cheng se lamentaba de no haberse fijado mejor en los pergaminos del abuelo. Sin embargo, creía que, como en todas sus aventuras, Huan y ella irían juntos en busca de la pluma.

El Fénix era un ave muy especial. Decían que tenía el tamaño de un águila. También decían que sus plumas eran de color rojo, naranja y azul. Además brillaban a la luz del sol. Al igual que el águila, el ave Fénix tenía garras poderosas y un pico muy fuerte. Pero, a decir verdad, hacía ya más de mil años que nadie la había vuelto a ver. Los pergaminos del abuelo eran la única prueba de la existencia del ave.

Huan decidió partir enseguida dejándose guiar por su razón. Esta le decía que, si el ave Fénix era como el águila, debía vivir en las montañas. Cheng quiso seguirlo, pero esta vez el hermano mayor no la llevó con él. Ella tuvo miedo y se sintió triste. Al final, decidió partir por su cuenta. Guiándose por su instinto, se marchó al desierto.

Lien, por su parte, prefirió quedarse a cuidar del abuelo y distraerse con los libros de la biblioteca.

| **Detective del lenguaje** | **Busca un pronombre demostrativo en esta página.** |
|---|---|

Lien leyó que el ave había sido vista por última vez en el Bosque de Hierro. Era un lugar misterioso ubicado al extremo contrario de la dirección que habían tomado sus hermanos mayores. Lien quiso advertirles, pero ellos no escucharon a los mensajeros que envió:

—Díganle a Lien que conozco su estrategia. Quiere que tome el camino equivocado para quedarse con la pluma del ave Fénix —respondió Huan a los mensajeros.

La desconfianza de sus hermanos ofendió a Lien. Pero viendo que el abuelo gozaba de buena salud, partió hacia el bosque. Quería demostrarles que tenía la razón.

## Capítulo 3

# "¡Yo te salvaré!"

Huan y Cheng llevaban días viajando cuando Lien apenas pensaba en partir.

La pequeña tuvo que armarse de valor para emprender su camino. El bosque era frío e inerte como el hierro. No invitaba a ir más allá de los primeros árboles.

Lien nunca había sido muy valiente. Tampoco era audaz, ni mucho menos fuerte. Sin embargo, tenía otras virtudes. Como era inteligente, observadora y paciente, decidió ir despacio. Supuso que encontraría comida en el bosque. Y pensó que debía marcar su camino para evitar perderse al regreso.

Lien partió sin mucho equipaje. Se alimentó de los frutos de los árboles. Señaló cada árbol que encontró.

Lien estuvo caminando un mes completo. Cuando ya estaba agotada y empezaba a creer que los libros no lo sabían todo, un graznido interrumpió sus reflexiones. Empezó a temblar.

**AHORA COMPRUEBA**

¿Qué razones tuvo Lien para ir en busca del ave Fénix?

El ruido destemplado le dio dolor de oídos. La hizo volver la vista hacia el lugar donde provenía. En ese momento, una enorme sombra lo cubrió todo. Lien intentó huir, pero sus pequeños pies no la ayudaron mucho. Apenas logró avanzar un poco.

De repente se sintió volando por los aires, a punto de chocar contra los árboles y atrapada por unas garras poderosas.

Para evitar caer al suelo, Lien se agarró con fuerza a las garras que la sostenían. Era eso o desmayarse y caer. Optó por lo primero.

Aferrada al objeto volador, Lien se sostuvo durante todo el viaje. El cual duró, para ella, una eternidad. Al concluir el vuelo, la niña fue depositada en lo que parecía ser el enorme nido de un ave. Solo entonces pudo Lien observar con detenimiento su nave voladora.

Los ojos de la pequeña lectora se cerraron y abrieron varias veces antes de reconocer lo que veía. Frente a ella estaba el ave Fénix.

Esta parecía un águila, pero de un país de gigantes. En eso pensaba Lien cuando el ave quiso saber por qué había llegado hasta allí. La pequeña estaba aterrada. En ninguno de los libros que había leído se mencionaba que, además de ser gigante, el ave Fénix podía hablar.

El ave estaba acostumbrada a estar sola. Se impacientaba fácilmente cuando tenía compañía. Como Lien vio que graznaba con insistencia, se apresuró a contestar:

—Solo quiero una pluma de tu hermoso plumaje para llevársela a mi abuelo.

El ave agradeció la sinceridad de la niña y se interesó en conocer su historia. Lien se demoró varias horas en contarle al ave todo lo que había sucedido antes de llegar allí.

Al ave Fénix le encantaban las historias llenas de detalles. Hacía muchas preguntas que la pequeña debía contestar.

Cuando Lien terminó su narración, el ave quedó satisfecha. Ahora lucía dócil y hermosa como un plumero gigante. Lien rio y esto le gustó al ave Fénix.

El ave Fénix se ofreció a darle a Lien una de sus maravillosas plumas si ella la acompañaba durante siete días. Lien dudó, pues quería regresar cuanto antes al lado de su abuelo. Ella deseaba contarle lo sucedido pero, la pluma sería la prueba de que todo lo que le había ocurrido era verdad. Así que Lien accedió a quedarse.

El primer y segundo día pasaron sin problema. Sin embargo, en la noche del tercer día, la pequeña tuvo un sueño que la dejó muy preocupada. En él vio que sus hermanos estaban en apuros. Huan estaba herido y esperaba ser rescatado de lo más profundo de una cueva. Cheng estaba en el desierto y moría de sed.

A su pesar, la niña decidió regresar sin la pluma del ave Fénix. Sabía que nadie creería su aventura. Prefería pasar por mentirosa antes de abandonar a sus hermanos. Entonces, decidió partir.

## Capítulo 4

# Somos una sola alma

Conmovida por la decisión de Lien, el ave Fénix la volvió a tomar entre sus garras. Estaba a punto de llevarla a su destino. Lien quería rescatar a sus hermanos y jamás lo lograría caminando. Por eso el Fénix asintió a llevarla volando adonde quisiera.

Para Lien fue fácil convencer al ave de que le permitiera viajar más cómoda, sentada sobre su cuello y no atrapada entre sus garras.

El viaje no fue muy largo pero fue maravilloso. Lien nunca había visto tantos paisajes distintos. Había montañas cubiertas de nieve, grandes bosques y ríos caudalosos. Ni siquiera las ilustraciones de los libros eran tan hermosas.

Pronto, el ave y su pequeña pasajera lograron llegar a los lugares donde Huan y Cheng estaban en aprietos. Los hermanos mayores no tuvieron fuerzas para reconocer el valor de la pequeña. Ellos simplemente se dejaron llevar por el aire, recostados sobre el mullido plumaje del Fénix.

**AHORA COMPRUEBA**

¿Por qué decidió partir Lien sin haber obtenido la pluma del ave Fénix?

Fengge se despertó al escuchar un graznido destemplado. Nunca había visto al ave Fénix, pero siempre se la había imaginado. Por eso no se sorprendió cuando la vio surcando el cielo.

—¡Vaya! ¡Es lo que menos me esperaba! —exclamó el abuelo. Estaba impresionado de ver a sus tres nietos sentados cómodamente sobre el ave.

Huan y Cheng fueron los primeros en bajar. Lien tardó un momento, mientras se despedía de su nueva amiga. El Fénix dio a la pequeña un abrazo fraternal. Su abrazo era, en verdad, muy cariñoso.

El abuelo estaba feliz de tener de vuelta a sus nietos. No escatimaba en abrazos para ninguno de ellos. Al rato, el ave levantó vuelo y dejó caer desde el cielo una pluma que arrancó de su cuello. La pluma cayó muy cerca de los niños y del abuelo. Fengge temió que esto provocaría un nuevo conflicto entre sus nietos cuando vio a Huan precipitarse para recogerla del suelo.

Las miradas de los nietos y el abuelo se cruzaron expectantes. Lien fue la primera en hablar para decir que la pluma era de los tres. Por lo tanto; todos debían ser los herederos. Huan fue el primero en decir que no era así.

| **Detective del lenguaje** | **¿Cómo sabes que el abuelo dijo algo en el segundo párrafo de este página?** |
|---|---|

Fengge se puso tenso. En su rostro aparecieron varias arrugas nuevas. Cheng también se puso alerta, dispuesta a dar su opinión. Pero, antes de que el abuelo o Cheng dijeran lo que pensaban, Huan le ofreció la pluma a su hermana pequeña.

—Tú eres la única heredera.

Lien no pudo ocultar su sorpresa. Era evidente que la experiencia había sido muy significativa para su hermano mayor. Solo eso explicaba que se mostrara tan honesto y generoso.

Sin embargo, Huan no estaba haciendo sino lo que le dictaba su razón. Para él, la sabiduría y perseverancia de Lien habían sido un arma más poderosa que su fuerza y valor.

Huan se inclinó ante su hermana pequeña. Otro tanto hizo Cheng, quien leal como era, supo reconocer al verdadero líder.

Lien estaba abrumada por los acontecimientos. Aún se sentía así cuando llegó la hora de reunirse con el abuelo Fengge. La reunión tendría lugar en el salón principal, donde el abuelo anunciaría el nombre de su heredero.

Sentado en el sillón más cómodo, Fengge se preparó para el gran momento. Lien era la ganadora y, por tanto, la heredera. Entonces, la pequeña volvió a sorprender a todos al anunciar que, gracias al poder que le otorgaba ser la única heredera, su decisión era compartir la herencia.

Lien sabía que era diferente a sus hermanos. Aun así, comprendía que las grandes diferencias existentes entre ellos eran su gran fortaleza.

**AHORA COMPRUEBA**

¿Por qué Huan se inclinó ante su hermana Lien?

Lien reflexionó y comprendió que la venganza en ningún caso es un camino válido. Ella había optado por practicar la solidaridad, la bondad y la unión. Esa fue la respuesta a la hostilidad que habían mostrado sus dos hermanos mayores. Si no se hubiera sentido retada, jamás habría ido a buscar la pluma del ave Fénix.

Tanto Huan como Cheng habían aprendido una valiosa lección que les permitiría ver la vida de otra forma. Ahora entendían la importancia de la empatía y el entendimiento mutuo.

Finalmente, los hermanos habían comprendido que podían llevarse bien a pesar de sus diferencias.

# Respuesta a la lectura

## Resumir

Usa los detalles más importantes de *Una pluma del ave Fénix* para resumir el cuento. Puedes usar el organizador gráfico como ayuda.

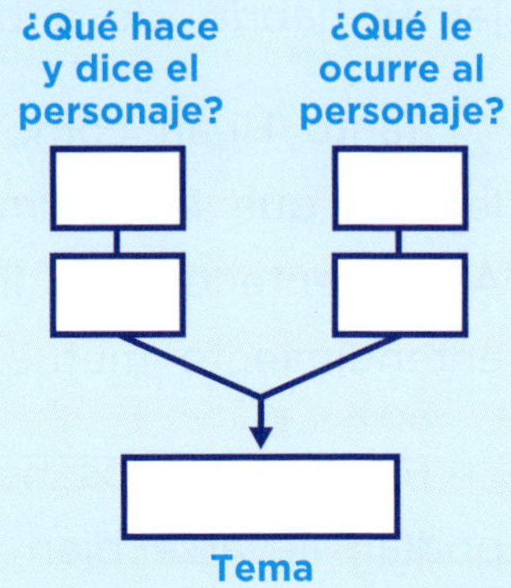


## Evidencia en el texto

1. ¿Cómo sabes que *Una pluma del ave Fénix* pertenece al género de fantasía? Identifica una característica que lo indique. **GÉNERO**

2. ¿Cómo resuelven los tres hermanos sus diferencias al final del cuento? **TEMA**

3. En la página 5, ¿qué significa la palabra *pergamino*? Usa las claves de contexto para conocer su significado. **CONNOTACIÓN Y DENOTACIÓN**

4. Escribe la razón por la que el ave Fénix decidió ayudar a Lien a rescatar a sus hermanos y cómo los ayudó a resolver sus diferencias. **ESCRIBIR SOBRE LA LECTURA**

**Género** Texto expositivo

## Compara los textos

Lee acerca de un programa que aplican algunas escuelas para ayudar a los estudiantes a comprender y respetar los sentimientos de los demás.

# Empatía: La respuesta al acoso escolar

¿Qué es el acoso escolar? Hay acoso escolar cuando una persona hace cosas repetidamente para herir a otra. Un agresor podría golpear a sus compañeros. También podría herir sus sentimientos poniéndoles apodos o amenazándolos.

Las personas dedicadas al estudio del comportamiento humano han descubierto que los agresores hieren a otros porque los quieren controlar, o porque se sienten mal consigo mismos. Los acosadores no sienten empatía por las personas que agreden. Empatía significa ser capaz de imaginar cómo se sienten las otras personas.

Raíces de la Empatía es un programa que se lleva a cabo en algunas escuelas. Este programa enseña destrezas que permiten a los estudiantes llevarse bien. Pretende reducir conductas violentas, como el acoso escolar. También intenta promover un comportamiento amable, como compartir y ayudar. El programa se enfoca en la empatía.

La experta en educación, Mary Gordon, fundó el programa Raíces de la Empatía en Canadá, en 1996. Este ha crecido desde entonces. Actualmente, escuelas de muchos otros países lo están aplicando, entre ellas las de Estados Unidos, Gran Bretaña, Irlanda y Nueva Zelanda.

**Mary Gordon habla a muchos grupos de personas sobre el acoso escolar.**

El programa Raíces de la Empatía invita a un padre y a su bebé a asistir a una clase. Los estudiantes observan al bebé. Luego, un instructor los motiva para que comenten lo que observaron. Las visitas tienen lugar cada tres semanas durante el año escolar. Así los estudiantes ven cómo crece el bebé y desarrolla sus habilidades cognitivas a través del tiempo.

**Un grupo de estudiantes participa en el programa Raíces de la Empatía.**

Mary Gordon cree que al observar a un bebé y estudiar sus emociones, los estudiantes mejoran la comprensión de sus propios sentimientos. También aprenden a relacionarse con los sentimientos de los demás.

Las investigaciones demuestran que los participantes del programa Raíces de la Empatía tienen una menor tendencia a convertirse en acosadores. Es menos probable que quienes sienten empatía hieran a sus semejantes.

## Haz conexiones

¿De qué manera pasar tiempo con un padre y su bebé ayuda a las personas a llevarse mejor?

**PREGUNTA ESENCIAL**

En *Una pluma del ave Fénix,* Huan y Cheng agredían a su hermana menor. ¿De qué manera empezar a sentir empatía les permite resolver sus diferencias?

**EL TEXTO Y OTROS TEXTOS**

Sarah L. Voisin/The Washington Post/Getty Images

## Enfoque:
# Elementos literarios

**Atmósfera** Los escritores emplean palabras para crear una determinada atmósfera en un relato. Pueden utilizar palabras para mostrar situaciones alegres, tristes, de ansiedad o terroríficas. Esto ayuda a los lectores a visualizar y comprender las acciones y los sentimientos de los personajes.

**Lee y descubre** Vuelve a leer el encuentro entre el ave Fénix y Lien en la página 9. Por la atmósfera se puede identificar que la niña está muy asustada. Palabras como *huir* o *desmayarse* describen su estado de ánimo. Más adelante, en la misma página, se puede notar su asombro cuando se dice que los ojos de la niña se cerraron y abrieron varias veces.

### Tu turno

Escribe un relato en el que los personajes de *Una pluma del ave Fénix* deban superar un problema. Elige una atmósfera para la situación: puede ser misteriosa, divertida, dramática. Recrea la atmósfera por medio de las palabras adecuadas. Ilustra tu cuento con una imagen. Lee el relato a tus compañeros de clase.